AF242737

LA
RÉPUBLIQUE DU MÉRITE

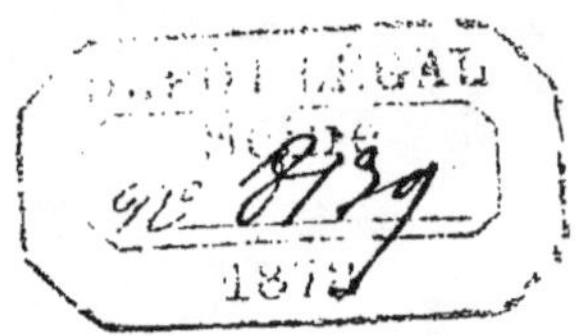

LE CONCOURS POUR TOUTES LES PLACES

Par le Professeur PIORRY

MÉDECIN HONORAIRE DE L'HOTEL-DIEU.

TROISIÈME ÉDITION

AVEC DES ADDITIONS IMPORTANTES.

PRIX : 50 CENTIMES

PARIS

LIBRAIRIE J.-B. BAILLIÈRE ET FILS.

19, rue Hautefeuille, 19.

LONDON
Baillière, Tindall and Cox.

MADRID
Carlos Bailly-Baillière.

1872

TABLE DES MATIÈRES

(1) Omissions, dans l'énumération des ouvrages de M. Piorry, de divers travaux importants :
Danger de la lecture des livres de médecine par les gens du monde (*Dictionnaire des Sciences médicales*), articles : physiologie, voix, papilles, mésentère, etc. (dans le même dictionnaire); *neuf thèses de concours* pour le professorat et l'agrégation, formant par leur ensemble plus de 1,000 pages : 1º sur les maladies que l'on dit être dangereux de guérir; 2º sur la mort des noyés, sur les signes de cette mort, comparés à ceux des autres asphyxies ; sur l'agonie et les causes actuelles de la mort (ces deux thèses sont écrites en latin); 3º sur l'inflammation et la formation des lésions organiques; 4º sur les habitations privées, sur l'encombrement et la septicémie cause d'accidents putrides; 5º sur l'hérédité dans les maladies (ouvrage traduit deux fois en allemand), etc. M. Piorry a lu encore en séance publique, à l'Académie nationale de médecine, deux rapports sur les épidémies qui ont régné en France de 1830 à 1837, des mémoires sur le choléra (1832), et lors du congrès médical en 1845, il a fait un rapport sur la convenance ou plutôt la nécessité de la suppression des officiers de santé, etc., etc.

LA RÉPUBLIQUE DU MÉRITE

LE CONCOURS POUR TOUTES LES PLACES

Par le Professeur PIORRY

Troisième Édition

(AUGMENTÉE DE L'INDICATION DE PLUSIEURS TRAVAUX)

A moins d'admettre que *la monarchie à vie et héréditaire* soit de source divine, ce qui s'accorde peu avec l'histoire des fondateurs de dynasties, de ces chefs de barbares, de ces conquérants, de ces usurpateurs qui se sont emparés du pouvoir et l'ont transmis à leurs descendants, par la violence, la trahison, par des guerres sanglantes ou des crimes épouvantables, il est impossible de ne pas reconnaître qu'en principe, *c'est la majorité des citoyens composant une nation qui, directement ou par ses représentants, a exclusivement le droit d'élire le Souverain, quel que soit d'ailleurs le nom par lequel on le désigne.*

Comme la Loi ne peut être que l'expression de la volonté nationale dirigeant le pays, ce chef, ce roi, cet empereur, ce dictateur, etc., *ainsi élu par un vote populaire, serait un monarque légitime.*

Cependant, par un abus de mots que le temps a consacré, *l'idée de légitimité a été appliquée à la succession par progéniture, d'une autorité dont l'origine était illégale.*

« *Chaque peuple a compris l'hérédité monarchique à sa manière :* tel voulant que
« les mâles seuls fussent habiles à hériter du pouvoir suprême ; tel autre a
« décidé que les femmes seraient aptes à régner ; il en est qui ont toléré,
« comme en Turquie, que le monarque, pour assurer son pouvoir ou le
« conserver à ses enfants, fît massacrer impunément ses propres frères.
« Dans l'heureux siècle des Antonins, l'Empereur adoptait un successeur
« que le Sénat, le peuple romain et les lois reconnaissaient sans conteste. »

Il existe donc par l'usage et par la force des choses de très-grandes variations dans l'idée que l'on se forme, soit de la légitimité, soit de la monarchie, et l'on n'a qu'à consulter les plus simples documents de l'histoire pour voir à combien de révolutions désastreuses, de guerres ruineuses ont donné lieu ces diverses manières de transmettre le pouvoir suprême.

D'un autre côté, le mot *république* se rapporte à tant de formes de gouvernement, que l'on est fort embarrassé d'y voir autre chose que l'application de l'idée indiquée par l'étymologie : *res publica* (la chose publique)! Or, il n'est pas d'organisation politique, quelque personnelle et individualisée qu'elle soit : Empire, Royaume, Dictature, etc., que l'on n'ait prétendu avoir pour but le bien du peuple, la bonne administration des affaires de la Nation et le bonheur de tous.

L'idée qui se présente tout d'abord à l'esprit est que la République est en fait : LA SOUVERAINETÉ ET L'ADMINISTRATION DIRECTE DE L'ÉTAT exercées par tous les citoyens constituant la nation ; mode de gouvernement qui peut exister seulement parmi les tribus sauvages, ou tout au plus dans de très-petits pays.

Toutefois une nation se composant de sociétés faibles et peu nombreuses, mais cependant distinctes, ayant chacune des mœurs, des usages et des lois particulières, peuvent utilement, pour augmenter leur puissance commune, *se fédéraliser et élire une assemblée centrale.* Celle-ci institue alors un Gouvernement unique, dirigeant les affaires communes à ces républiques qui, pour ainsi dire élémentaires, conservent le droit de gérer leurs intérêts particuliers ; c'est ce qui existe en Suisse et dans l'Amérique septentrionale, c'est cette *République fédérative et centralisée* que les Girondins croyaient utile d'établir en France, alors qu'il était encore possible de revenir à l'ancienne division de la France en provinces.

Dans les grandes nations individualisées en unité et dans lesquelles le nombre des citoyens est immense, la direction des affaires ne peut être exercée par les acclamations de la multitude ; celle-ci n'est jamais qu'une minime partie du peuple entier, et se laisse toujours entraîner par les passions du moment. *Dans un grand pays, un semblable Gouvernement ne serait qu'une abominable anarchie.*

Quand il s'agit des grandes nations centralisées, on ne peut donc entendre par République qu'une organisation politique consistant dans l'élection, par la majorité des citoyens, de délégués qui la représentent et forment une ou plusieurs assemblées, lesquelles gouvernent directement ou indirectement le pays.

Or commencent ici des variétés infinies dans les formes de l'organisation républicaine.

Elle peut consister dans la création d'une seule assemblée prenant connaissance des affaires ou s'en faisant rendre compte par des commissions prises dans son sein, et elle gouverne soit par des comités, soit par des *ministres responsables.*

Ailleurs, une seconde assemblée dite Sénat, Conseil des anciens, est appelée à contrôler les décisions de la première ; les membres qui la composent sont directement élus par les citoyens ou nommés et choisis parmi les représentants du pays.

Une réunion d'hommes appelée Conseil d'État est parfois chargée de préparer seulement des projets de lois qu'elle soumet à la première assemblée, qui les discute et prononce sur leur admission ou leur rejet.

Le mode de procéder à la nomination des membres de ces corps délibérants est susceptible aussi de présenter les plus grandes variations.

Dans les Républiques anciennes, il arrivait fréquemment que les grandes familles, les personnages très-connus ou qui avaient rendu de grands services au pays, constituaient un corps politique, un Sénat, qui dirigeait les affaires publiques.

A Athènes, où l'on croyait être partisan du pouvoir de tous, une grande partie de la nation, les esclaves, était exclue du scrutin, et à Rome même, le peuple ne fut que bien tard représenté par quelques tribuns; tandis qu'un moment en France il y eut pendant un certain temps une assemblée : Tribunat, chargée, disait-on, de défendre les droits populaires.

Actuellement, dans notre République telle qu'elle est, le suffrage universel élit indistinctement des citoyens riches ou pauvres, gens de mérite reconnu ou d'un mérite contestable.

Certaines Républiques ont eu : *un président unique, un, deux ou trois consuls, deux rois* (Sparte); *cinq directeurs, un conseil des Dix et un doge* (Venise); il y en a eu *de démocratiques, d'aristocratiques, d'anarchiques, de sociales.* Une seule forme d'organisation républicaine a manqué, *c'est une République de mérite* ou *dirigée par le mérite.* C'EST CELLE DANS LAQUELLE TOUS LES EMPLOIS SONT ACQUIS PAR LE CONCOURS, et, qui dès 1834 a été proposée par M. Piorry, auteur de ce travail, et qu'il croit être le meilleur des gouvernements possibles.

Le pouvoir exercé par la nation, ou par *des assemblées* qui la représentent *étant l'essence même de ce que l'on entend par République,* et *l'hérédité* d'un *monarque nommé à vie* et, a-t-on dit : par la grâce de Dieu, *étant le principe de la monarchie* telle qu'on la considère ordinairement, on a cherché à trouver une organisation gouvernementale mixte, une *quasi-légitimité, associée, mariée en quelque sorte à une quasi-République.* C'est ce qui a existé ou existe sous une foule de nuances : en Angleterre, en France, en Espagne, en Italie, en Allemagne, etc., et c'est là l'idéal que poursuivent certains esprits, persuadés que l'ordre, la stabilité, le bonheur des peuples seront le résultat de cette forme de gouvernement. Ils oublient ainsi les révolutions et les guerres civiles, les supplices qui ont ensanglanté l'Angleterre, avant et après Cromwell, les malheurs de l'Irlande, le despotisme du Premier Consul devenu Empereur, la guerre d'Espagne, les désastres de Moscou et de Waterloo, la révocation de la Charte, la Révolution de 1830, les émeutes sanguinaires si fréquentes sous le roi Louis-Philippe, les journées de 48 et de 52, la guerre du Mexique, l'immense désastre de Sedan, les révolutions d'Espagne, etc., terribles catastrophes qui ont trop prouvé que la quasi-légitimité, c'est-à-dire la combinaison des pouvoirs d'un roi ou d'un empereur avec le gouvernement populaire, ne mettent pas plus que la forme républicaine à l'abri des commotions politiques et des calamités nationales.

Les gens qui ont l'expérience des hommes et des choses, qui ont beaucoup vu et lu, ceux pour lesquels l'histoire n'a pas en vain parlé, qui savent, après l'avoir cent fois constaté, que toute réunion d'hommes, grande ou petite, *qu'une société, quelle qu'elle soit, ne peut prospérer, agir utilement et avec quelque suite, qu'autant qu'une direction lui est plus ou moins donnée par une volonté unique.* Les assemblées les plus nombreuses, les plus tumultueuses, les plus anarchistes; les comités passionnés pris dans leur sein ont été forcés par la nécessité d'avoir un Président qui y règle la discussion et y maintienne au besoin l'ordre et le silence. Les chefs de division d'un ministère ne peuvent s'entendre entre eux, et leurs travaux particuliers ne sont coordonnés que sous l'influence d'un ministre qui les dirige; enfin un conseil de ministres ne peut agir utilement et avec ensemble et énergie que si la direction et l'exécution de ses délibérations sont confiées à un seul homme, c'est-à-dire à un chef responsable ou à un Président de la République.

Cette forme de gouvernement constitue la République présidentielle et qui, en définitive, est véritablement monarchique, *c'est-à-dire gouvernée par un seul homme* chargé du pouvoir d'exécuter les volontés de la nation, manifestées par une ou plusieurs assemblées; *mais ce monarque n'est nommé que pour un temps déterminé et sa famille n'hérite pas du pouvoir. Si son intelligence, sa valeur personnelle baissent, il peut être révoqué, et, lorsque son règne, borné à un temps limité, est expiré, il peut ne pas être réélu.*

Cette République monarchique se passe de grosse liste civile, et elle n'est entourée ni d'apanages, ni de garde royale ou impériale, ni d'autres dépenses énormes que la souveraineté dite légitime comporte.

La monarchie dite constitutionnelle, d'une part, et la République présidentielle ou monarchique, de l'autre, sont donc les termes moyens entre les gouvernements monarchiques et républicains; mais entre ces deux formes d'organisation politique il y a une distance extrême. Dans la première (la monarchie constitutionnelle), la souveraineté est à vie et héréditaire, tandis que dans la seconde (la République monarchique) le pouvoir exécutif est *temporairement dirigé par un Président dont les descendants n'héritent pas de la souveraineté, et qui n'est, en somme, que le chef du pouvoir exécutif; les fonctions de ce président cessent aussitôt que son successeur élu a pris sa place.*

Des variantes innombrables de gouvernements, et de plus *des idées socialistes et communistes mal définies et mal comprises* ont chacune des partisans et malheureusement des fanatiques, comme il existe des prétendants *qui fondent leurs droits à la souveraineté sur l'hérédité et non sur leur valeur personnelle*, prétendants qui sont entourés de flatteurs ou de gens qui obéissent soit à des convictions parfois respectables, soit à des habitudes invétérées, soit à des intérêts personnels ou à des passions effrénées, et qui se réunissent pour former des partis et cherchent à arrêter la marche incessante du progrès. Il en résulte un chaos inextricable, des discussions orageuses, des intrigues incessantes, des déchirements déplorables, la honte, la ruine de la patrie et le triomphe de ses ennemis.

Pour remédier à un tel désordre, pour prévenir les calamités qu'il entraînerait, *il faut que les plus hautes fonctions comme les plus petites de l'État soient confiées à des hommes d'un mérite généralement reconnu et qui aient prouvé par des épreuves publiques que leur vie a été pure, intègre, honnête, dévouée, et qu'ils sont plus aptes que d'autres à s'acquitter des devoirs de la position à laquelle ils aspirent; il faut que l'estime de leur personne, de leur probité, de leurs talents les rendent respectables et les maintiennent pour un temps limité dans les postes où leur valeur personnelle les a placés.*

Il est évident qu'il s'agit ici du concours appliqué à la nomination de tous les emplois de la République (1).

L'organisation actuelle de la société française est une RÉPUBLIQUE MONARCHIQUE DONT LE PRÉSIDENT A ÉTÉ NOMMÉ PROVISOIREMENT, *et cela à la suite d'une série de faits que l'on pourrait justement appeler* LE CONCOURS DES ÉVÉNEMENTS.

La vie entière de cet historien, de cet ancien ministre qui a vu de si près les hommes du pouvoir, leurs fautes et leur chute, qui a médité si longtemps et si profondément sur les passions humaines, sur la fragilité des gouvernements et sur la versatilité des peuples, est une épreuve au-dessus de toutes les autres.

Citoyen, il a fait souvent le sacrifice de ses opinions et de ses intérêts personnels pour le bien du pays.

Orateur, législateur, son esprit subtil et insinuant, sa voix éloquente, ont fréquemment ramené à ses convictions des adversaires acharnés, et il a eu

---

(1) Dès 1834 et 1835, M. Piorry, juge du concours pour la nomination des élèves des hôpitaux, a émis le vœu qu'il en fût ainsi pour toutes les places (*Bulletin des hôpitaux*). Il a donné en 1848 des détails plus étendus sur ce sujet dans son *Traité de médecine pratique*, en 9 volumes, dans les deux éditions de son poëme sur *Dieu, l'Ame et la Nature*, 1854, 1870. Dans un Mémoire adressé au Gouvernement de Bordeaux, en 1870 sur l'organisation de l'armée; dans des conférences patriotiques au Havre (soit dans la salle Sainte-Cécile, soit au Grand-Théâtre), il a demandé le concours pour tous les emplois civils et militaires, demandant que l'officier ne passât d'un grade à un autre qu'à la suite de concours; il a sollicité la formation de comités électoraux qui imposassent des épreuves publiques aux candidats à la représentation nationale. Ses deux programmes, lors de sa candidature au Havre au mois de février, à Paris en 1871, ont annoncé que s'il était élu, il soutiendrait le concours devant l'Assemblée nationale.

souvent la fermeté si rare de ne pas céder à l'entraînement momentané des passions populaires et parlementaires.

Homme politique, dans les temps si difficiles où nous sommes, il est allé dans les Conseils des souverains de l'Europe défendre la cause de la France libérale et opprimée.

Quelle que fût sa manière de voir, il l'a au besoin modifiée, s'est rendu à la logique des faits et il s'efforce de conserver avec honneur le dépôt d'une organisation sociale qu'il s'est engagé à rendre intact, c'est-à-dire de cette République qui, sous sa direction et en quelque mois, a rétabli l'ordre dans le pays et dans ses finances, a éloigné de la plupart de nos départements envahis un ennemi vainqueur et a ramené la confiance de l'Europe.

Nul parti n'osera le renverser, car l'estime générale le maintiendra dans son *pouvoir véritablement légitime, puisque la légitimité ne peut être autre chose que le règne de la Loi, et que la loi l'a sanctionné* (page 1re).

Mais M. Thiers n'est pas immortel; aux yeux de certains esprits, son pouvoir est trop limité, et il s'est peut-être déclaré trop exclusivement le chargé d'affaires de l'Assemblée; il faudra bien qu'un jour ou l'autre, *et le plus tard possible*, on pourvoie à son remplacement, et l'on se demande comment trouver un citoyen qui pourrait le faire dignement!

Les hommes d'élite, dans toutes les positions sociales sont, **peut-on dire**, des diamants que l'on ne rencontre que bien rarement. Cette rareté du mérite est plus apparente que réelle.

Tel qui se sent supérieur par l'intelligence, la conduite, la capacité, le savoir et les bonnes intentions, n'a pas recours, pour réussir, à l'intrigue, au favoritisme, à la camaraderie; il veut arriver par lui-même et par son travail; il ne se cache pas, mais il faut souvent beaucoup chercher pour le trouver, et la foule des ambitieux, des flatteurs, des incapables, des gens qui comptent sur des protections plus que sur des services rendus et sur leurs propres talents, se met, au contraire, tout d'abord en évidence, ne prend pas un moment de repos, intrigue avec impudence, abuse des crédules, voile si bien le mérite, en médit avec tant d'assurance et d'à-propos, que, la calomnie aidant, le talent véritable est écarté, et que l'on n'aperçoit plus autour de soi, et surtout près du pouvoir, que la tourbe et la foule des médiocrités ambitieuses et égoïstes.

Le seul moyen de constater la valeur des candidats, à quelque emploi que ce soit, c'est de les soumettre pour la nomination à des épreuves publiques, c'est-à-dire à des concours établis non pas seulement sur des discours qui permettent de constater l'aptitude oratoire et quelques autres mérites du candidat, mais encore sur des manifestations publiques de connaissances spéciales et nécessaires pour remplir honorablement les fonctions dont ils désirent être chargés. Un cheval *concourt* pour obtenir le premier rang, et l'épreuve qu'il subit ne consiste pas dans des hennissements; mais à montrer que sa course est plus rapide que celle de ses rivaux. Un peintre concourt par ses œuvres de peinture, et un employé, un officier, un magistrat, un savant, pour obtenir une nomination ou de l'avancement, devraient prouver avant tout qu'ils peuvent autant et mieux que d'autres remplir les fonctions qu'ils sollicitent. Pourquoi n'en serait-il pas ainsi pour les académies, dans lesquelles les nominations ne seraient plus faites, comme cela arrive le plus souvent, par des rivaux intéressés à ne pas élire le plus digne !

Si l'on parvient à trouver et à prendre des précautions suffisantes pour s'assurer de l'impartialité des membres composant les jurys appelés à composer les jurys des concours (ce qui, comme il sera établi bientôt, est plus facile qu'on le pense), *on obtiendra des nominations dont le mérite seul décidera.*

Le concours, a dit M. Piorry dans son programme pour la candidature, lors des élections à la représentation nationale au Havre, en février 1871, et à Paris dans la même année, est le seul moyen de prévenir les révolutions, de frapper à mort l'anarchie, d'assurer la stabilité, d'imposer silence aux ambitions prétentieuses, de rendre le favorisme impuissant, de récompenser le mérite en l'utilisant, de forcer au travail des gens déjà reconnus capables, enfin d'entretenir une émulation féconde en utiles résultats.

La principale objection que l'on puisse faire à l'institution du concours pour toutes les places, est la difficulté de trouver des juges qui aient assez de savoir, de connaissances spéciales, d'indépendance de caractère, pour élire les candidats les plus dignes et de prévenir les intrigues qui ne manquent pas ordinairement de se multiplier sous toutes les formes, alors qu'il s'agit de nominations et même dans les élections à des places d'une médiocre importance.

Pour donner une juste idée de la facilité avec laquelle on établirait le concours pour les nominations aux divers emplois d'un gouvernement et aux diverses positions sociales, il suffit de faire voir qu'il est possible et même aisé de l'appliquer à la plus haute de toutes, à l'élection du chef de l'État, et à celle des ministres qu'il doit diriger dans leurs travaux. En effet, s'il s'agissait de la nomination des représentants de la nation, de celle des préfets, des magistrats, des officiers de l'armée, etc., les élections à la suite d'épreuves sur la valeur des candidats dont le mérite serait constaté par un jury compétent, exigerait un mécanisme bien plus simple et moins compliqué que celui de l'élection, par concours, du président de la République.

Or, rien ne serait plus facile, dans ce dernier cas, que de réunir un très-grand nombre de juges méritant, sous tous les points de vue, la confiance de la nation et de trouver des moyens assurés de prévenir à coup sûr : leur entente secrète; les brigues et les intrigues coupables; les obsessions qui assiégeraient leur conscience; la pression du pouvoir, et d'obtenir enfin l'équité d'arrêts exclusivement fondés sur le mérite des épreuves et sur la valeur réelle des candidats.

La France et les Colonies comptent approximativement quarante millions d'habitants de tout âge et de tout sexe.

Supposons que le nombre des électeurs admis pour le suffrage universel soit en chiffres ronds de cinq millions et que mille jurés fussent nommés, *non pas pour élire un chef du pouvoir exécutif, mais seulement pour apprécier le mérite des nombreux compétiteurs à la présidence* et celui des candidats appelés à faire partie de réunions d'hommes *parmi lesquels le Président nommé aurait le droit de choisir exclusivement les ministres du gouvernement, il suffirait que chaque groupe de cinq mille électeurs nommât* le membre d'un jury composé de mille juges parmi lesquels on tirerait au sort le nombre de ceux qui auraient à se prononcer sur le mérite *d'une seule des épreuves d'un compétiteur.*

Dans l'élection des membres de ce jury il s'agirait seulement de choisir des gens d'une honnêteté constatée, d'un savoir reconnu, capables d'apprécier la valeur des épreuves des candidats, et souvent leur bon sens seul suffirait à distinguer le degré de mérite dont chacun aurait fait preuve ; ces 1000 jurés élus seraient convoqués à l'époque de l'ouverture du concours, et l'on ne les réunirait pas auparavant afin d'éviter qu'ils puissent s'entendre entre eux, et obéir aux passions, aux sollicitations des partis plutôt qu'à leur jugement personnel ; ce serait seulement la veille du jour où chacun d'entre eux devrait assister à l'une des séances du concours que le sort les désignerait parmi les 1000 juges.

Plus le nombre des jurés devant porter leur jugement *sur la valeur d'une seule épreuve* serait restreint, et plus leur responsabilité personnelle, relativement à l'équité de leur jugement, serait engagée ; cette circonstance contribuerait à assurer la justice de leur arrêt. Ce nombre serait donc tout au plus de cinq et même de trois.

Chacun de ces trois ou de ces cinq membres du jury exprimerait, par un nombre de points donné, le degré de succès que, dans une séance, aurait eu à ses yeux un compétiteur.

Le maximum de ces points varierait en raison de l'importance du sujet traité, et, par exemple, il pourrait avant l'épreuve être porté à 20, à 30 ou 40.

Ce maximum s'élèverait à 100 points dans une séance spéciale et d'exclusion.

La veille de l'épreuve, des pièces dont la véracité serait attestée par des autorités imposantes et par des hommes de notoriété publique, seraient remises au jury et serviraient à prouver que les discours du candidat sont exempts de toute fausse allégation. Dans celle-ci, deux ou trois heures seraient accordées à chaque concurrent pour y déclarer par écrit, quels auraient été : sa vie, sa conduite patriotique ou privée, le genre et le degré de son instruction, et dans le cas supposé du succès de sa candidature, quelles seraient ses intentions.

Une ou deux autres heures lui seraient encore accordées, soit pour la lecture de cette composition, soit pour répondre aux explications que le jury aurait à lui demander, et aux objections qu'on pourrait lui faire.

A la fin de la séance dans laquelle *un seul* candidat aurait concouru, verbalement ou par écrit, les trois ou les cinq juges se réuniraient, additionneraient les points que chacun d'eux aurait en particulier assigné à la valeur de cette épreuve, et le résultat final, c'est-à-dire le total des chiffres obtenus dans cette même séance, serait déposé dans une caisse fermée, cachetée et remise ensuite entre les mains de magistrats qui en ignoreraient le nombre.

Pour éviter que le concours se prolongeât indéfiniment, *le même jour et en même temps qu'un des compétiteurs subirait son épreuve, chacun des autres,* quel que fût leur nombre, serait soumis à une pareille épreuve sur le même sujet, aurait un même chiffre de juges, aussi tirés au sort, et le résultat de la séance, exprimé par des points additionnés, serait également déposé dans une caisse close et cachetée.

Ainsi, en moins de quatre ou cinq heures, et dans un seul jour, la valeur de chaque compétiteur dans une épreuve, pourrait être facilement appréciée et mesurée; or, celui des candidats qui aurait obtenu le plus grand nombre de points, serait évidemment le plus digne.

Autant il y aurait de séances dans le concours, et autant de fois on procéderait de la même façon.

En supposant que pour la présidence, chaque candidat eût à subir dix fois une nouvelle épreuve, on n'aurait qu'à additionner les chiffres auxquels le compétiteur se serait élevé dans l'ensemble de ces séances, et celui qui se serait élevé au premier rang, serait évidemment proclamé sans opposition possible.

Dans un concours entouré de telles garanties, *il paraît impossible que les partis et l'intrigue puissent influencer les juges par des manœuvres quelconques.* D'ailleurs, si par impossible il était arrivé que des fraudes se fussent commises pour favoriser, dans une séance et pour un seul candidat ou lui porter du tort, ce malheur n'aurait qu'une bien faible importance sur le chiffre total de l'ensemble des dix épreuves, dont le concours serait composé.

Bien entendu encore une fois que le nombre des points obtenus dans les diverses séances par chaque concurrent, serait jusqu'à la dernière d'entre elles, tenu complétement secret et que l'addition finale de ces points qui déciderait de la nomination ne serait faite le dernier jour du concours qu'avec une immense publicité.

Il serait à craindre, surtout pour les hautes dignités sociales, de voir des compétiteurs indignes se présenter en grand nombre. Dans le but d'éviter ce très-grand inconvénient, les deux premières épreuves et surtout celle en rapport avec les antécédents, la vie et les intentions futures des candidats, *serait,* encore une fois, *une séance d'exclusion,* c'est-à-dire que ceux qui dans cette même séance n'auraient obtenu qu'un faible nombre de points ne seraient pas admis à poursuivre leur candidature.

C'est surtout pour l'élection à la présidence que les épreuves dont le non-succès conduirait à l'exclusion, seraient d'une extrême importance, et nul ne devrait être admis aux séances ultérieures, s'il n'avait pas obtenu les deux tiers des points que le maximum comporterait.

Le concours en général et quel qu'il soit, doit constater l'aptitude de ceux qui se proposent de remplir les fonctions qu'ils ambitionnent ; redisons bien qu'à beaucoup près, il n'est pas toujours question de trouver des orateurs distingués. Certes la parole facile est bien souvent utile, mais, encore une fois, le savoir profond, la rectitude du jugement, les aptitudes matérielles et intellectuelles ont encore plus d'importance.

Or, les connaissances d'un homme appelé à diriger les affaires d'une nation doivent être très-variées, les faits et les questions sur lesquels il doit donner son avis sont innombrables, et il est impossible, quelle que soit la supériorité d'un candidat à la présidence, qu'il excelle en toutes choses et même qu'il ait approfondi la plupart des sujets sur lesquels il aurait plus tard à établir son opinion ; mais on peut raisonnablement espérer rencontrer des hommes qui possèdent des notions générales suffisantes pour pouvoir avoir *sur chaque ministère* des idées assez justes pour comprendre quelle doit être la direction à imprimer à ces sections du gouvernement. Il lui faut, avant tout, de la logique dans l'esprit, de l'aptitude, *et surtout de l'expérience*, dernière qualité qui ne peut être obtenue dans le jeune âge.

Chaque candidat à la présidence devrait donc subir une épreuve de concours sur des sujets dont il pourrait faire choix et qui se rapporteraient à des ministères.

Dix séances qui suivraient celle dite d'exclusion (page 9) seraient consacrées à cet examen.

La première de celles-ci aurait pour but l'appréciation des connaissances du compétiteur relatives à l'administration des affaires de *l'intérieur*, et par exemple, d'exposer les opinions de ce compétiteur sur la liberté de la presse, la centralisation, la fédération ; sur les rapports à établir entre le patron et l'ouvrier ; sur les moyens d'améliorer le sort des populations ; sur la surveillance à laquelle les préfets devraient être soumis ; sur les routes, les chemins vicinaux, les canaux, les rivières, sur les droits et les devoirs des communes, etc.

Le maximum des points de cette épreuve si importante serait porté à 40, et les chiffres donnés au candidat seraient additionnés lors de la terminaison du concours avec ceux qu'il aurait obtenus dans les autres séances.

Dans la deuxième épreuve, le candidat aurait à parler de généralités sur le ministère *de la guerre*, et à traiter de questions de la nature de celles-ci :

L'âge ou les aptitudes physiques et intellectuelles d'un individu doivent-ils fixer l'époque où il doit être appelé à la défense de la patrie ?

Quelle doit être la durée du service militaire ?

L'application du concours à l'avancement est-elle utile ou même indispensable ?

Est-ce sur l'organisation physique, et sur le degré et la forme de l'intelligence des hommes composant l'armée qu'il faut les classer pour les utiliser le mieux possible?

Est-ce le degré de leur instruction militaire, leur conduite, leurs services plutôt que leur âge ou leur ancienneté qui doivent mériter de l'avancement?

L'armée doit-elle être exercée (moyennant rétribution, formant une masse lors de la libération du service) aux travaux publics utiles au pays?

Doit-on la convertir en une sorte d'école de morale et d'instruction? etc.

Certes, le maximum des points de cette séance devrait aussi s'élever au moins à 40 points.

La troisième épreuve aurait pour but : de savoir si le compétiteur aurait au moins quelques notions générales sur le *Ministère de la Marine, sur les Colonies et particulièrement sur l'Algérie, sur la géographie*, et de voir comment il traiterait telle ou telle question qu'il pourrait choisir sur des sujets si difficiles à traiter pour la plupart des hommes; le maximum de cette épreuve serait de 30 points.

Dans la quatrième séance, il s'agirait de traiter des principaux rapports existant entre la France et l'Etranger, du choix des ambassadeurs, des plénipotentiaires, des consuls, etc., des qualités qu'ils doivent réunir ; de l'utilité pour le pays qu'ils aient une connaissance suffisante des langues parlées dans les pays où ils doivent représenter le gouvernement, et le chiffre de points le plus élevé à obtenir serait encore ici au moins de 30.

La cinquième épreuve serait consacrée à l'exposition d'idées très-générales sur les finances, sur le crédit public et sur ses meilleures bases. C'est aux chefs de division de ce ministère qu'il incomberait d'obtenir de leurs subordonnés des chiffres exacts sur les recettes et les dépenses de l'État; mais ce qui importerait avant tout, c'est qu'un chef du pouvoir exécutif fît preuve dans le concours *d'un esprit d'ordre, de sage économie, et que le sentiment de l'honnête et du juste dans l'application des charges de l'État parût aux juges devoir diriger sa conduite.* Le maximum de cette séance serait de 50 points.

La sixième épreuve aurait pour objet *des connaissances générales sur le ministère de la justice;* sur la magistrature, sa mission, ses devoirs; de déterminer si son inamovibilité doit être conservée, si le concours doit être appliqué à la nomination des juges; sur les améliorations que le compétiteur penserait devoir être introduites dans les lois civiles, militaires ou criminelles, sur la punition des délits et des crimes. Le maximum de cette épreuve serait encore porté à 30 points.

L'instruction publique et les cultes constitueraient les sujets de la *septième séance, dont l'importance est immense,* car les questions relatives à leur ministère touchent encore plus à l'avenir qu'au présent *et se rapportent à la moralité comme au développement de l'intelligence de l'homme.* C'est ici surtout qu'il faudrait laisser au candidat la plus grande liberté dans le choix des innombrables sujets qu'il pourrait ici traiter ; le maximum des points dans cette séance serait de 40.

Il est un autre ministère qui constituerait le sujet de la *huitième épreuve; il n'existe dans aucun gouvernement, et M. Piorry a proposé sa formation dans ses programmes à la députation, soit au Havre en février 1871, soit plus tard à Paris en 1871; celui qui aurait pour objet : les moyens et les mesures propres à conserver la santé publique; à prévenir et à combattre les épidémies ; à accroître la population ; la proposition de lois contre l'usage des matières nuisibles (qui devraient être soumises à d'énormes impôts);* de veiller à l'aération, à la propreté, à la disposition et *à la bonne tenue des habitations*; *à l'alimentation des peuples des villes et des campagnes; à la formation suffisante des maisons de secours, de retraite pour les malades et les indigents.* Malheureusement, on fait presque toujours passer les questions humanitaires au dernier rang : il est temps de leur donner le premier; et les points que mériterait le plus digne par ses connaissances sur ces questions, devraient être encore 40.

L'agriculture, qui nourrit les hommes, présente un intérêt si grand et exige des connaissances si spéciales et si variées que l'on ne conçoit pas qu'elle n'ait pas un ministère tout spécial, qui formerait le sujet d'une neuvième épreuve. Dans celle-ci le candidat aurait à faire preuve de connaissances générales sur *la culture, sur les végétaux alimentaires connus et sur ceux qui sont susceptibles d'acclimatation, sur les animaux domestiques, sur la possibilité et la convenance extrême de cultiver pour l'alimentation de l'homme et des animaux domestiques, certaines parties des forêts, et cela tout en conservant les arbres* (Mémoire lu par M. Piorry à la Société d'acclimatation). L'histoire naturelle , la géologie, des notions *au moins superficielles sur la physique et la chimie, pourraient aussi faire partie de cette épreuve,* dont le maximum des points serait encore porté au moins à 30.

Enfin *la dixième et dernière épreuve* (après la première relative à l'exclusion des candidats trop faibles pour être admis à concourir) serait établie *sur le commerce des provinces entre elles.*

Elle exigerait des connaissances générales sur ce sujet de premier ordre et des notions plus spéciales sur des questions relatives *aux rapports commerciaux des nations entre elles.* 40 points seraient encore accordés ici aux candidats les plus dignes aux yeux des jurés.

Un concours établi de la façon qui vient d'être exposée donnerait à coup sûr toutes les garanties désirables pour l'élection à la présidence du citoyen le plus digne de la confiance nationale.

Mais le chef du pouvoir exécutif pourrait mourir ou se trouver pour une cause quelconque dans l'impossibilité de remplir ses fonctions; il faudrait donc, sans attendre les délais qu'exigerait un nouveau concours, qu'on pût dans ce cas lui donner un successeur provisoire. Une semblable réflexion serait applicable au remplacement d'un vice-président et au besoin d'un deuxième et même d'un troisième vice-président. En effet, pour éviter de réitérer trop souvent des compétitions, les candidats qui auraient obtenu les points les plus nombreux après celui dont la nomination aurait été proclamée, seraient nommés dans l'ordre indiqué par le succès de leurs épreuves.

Le concours tel qu'il vient d'être proposé aurait même l'extrême avantage de faire connaître au chef du pouvoir exécutif un nombre plus ou moins limité d'hommes d'un mérite non contesté, *parmi lesquels le Président pourrait ou même serait tenu de choisir des ministres réellement capables!* Et y aurait-il en effet des gens plus dignes de remplir ces hautes fonctions que ceux qui, après avoir donné dans la grande lutte publique et solennelle pour la présidence *des preuves de leur honnêteté, de leur patriotisme, de leurs aptitudes générales,* auraient obtenu plus de points que d'autres dans les séances partielles où il se serait agi d'apprécier chez les candidats la somme de connaissances qui se rapportent à tel ou tel ministère?

Dans le même système de nomination, l'élection à la représentation nationale, aux conseils de département, aux préfectures, etc., serait aussi soumise au concours. Or, est-il besoin de dire que ce serait un document d'une haute importance pour que les jurés accordassent des points à ceux des candidats qui auraient eu l'honneur d'en avoir obtenus dans le grand concours pour la présidence, et même dans ceux qui se rapporteraient à des positions moins élevées dans l'échelle sociale !

Cette grande lutte consistant en épreuves publiques et qui déciderait de la nomination du premier magistrat de la France, se renouvellerait tous les cinq ans, et elle aurait lieu avant que la dernière année de la présidence fût commencée. Encore une fois le premier de ces concours serait institué seulement douze mois avant l'expiration des trois ou des cinq ans du pouvoir si justement confié à M. Thiers.

Mais pour que la République soit instituée au point de vue du bonheur de tous, il faut que son organisation soit le plus possible à l'abri de reproches.

Des masses ignorantes et capricieuses ne doivent pas pouvoir l'entraîner ; il faut faire en sorte que la force brutale et anarchique ne la conduise pas et ne la livre pas à des élucubrations sanguinaires ! Des tyrans ambitieux seraient ses mortels ennemis ; les castes privilégiées et héréditaires pourraient là perdre.

Ce n'est pas parce que Henri IV était fils de prince qu'il a été un grand souverain ; c'est *par le concours* des événements et par les obstacles terribles qu'il lui a fallu surmonter ; c'est par un travail persévérant qu'il a conquis le trône et la renommée d'un bon roi. C'est par une valeur réelle qu'un citoyen doit mériter l'immense honneur de diriger son pays, et pour qu'un Président soit dignement élu, il faut que cette valeur soit évidente aux yeux de tous.

Les épreuves du concours auront seules cet avantage, alors qu'elles auront fait connaître le plus digne ; lorsqu'elles auront proclamé ceux qui se rapprochent le plus par le mérite de l'homme qui aura ainsi obtenu le premier rang ; lorsque celui-ci aura autour de lui, pour choisir son gouvernement, un assemblage d'hommes éprouvés, de citoyens reconnus supérieurs aux autres ; l'estime publique et le respect autorisant ce choix de grands citoyens, la stabilité renaîtra, l'ordre *véritable* sera porté dans toutes les parties de l'édifice social, et les nations étrangères admirant et respectant notre France, la prenant tôt ou tard pour modèle, la voyant parvenue au plus haut degré de civilisation possible *sans porter aucune atteinte à leur individualité,* se grouperont avec nous en un commun faisceau.

De cet ensemble humanitaire s'élèvera enfin celui qui, proclamé d'un concours de tous les peuples, représentera le grand génie qui avec la sanction de la divinité et de la philosophie, dirigera la République du monde ainsi gouvernée par le mérite ! (1)

Voici le programme de la profession de foi de **M.** Piorry lors des élections de la ville du Havre en février 1871 et de Paris en juin de la même année :

Mon âge, une honnête aisance, *acquise par d'innombrables travaux continués pendant cinquante ans,* une position indépendante, l'estime publique, que m'ont value des découvertes utiles à l'humanité, trois *prix Montyon* à l'Institut, de hautes dignités médicales obtenues par les concours et *jamais par l'intrigue ou le favoritisme,* etc., ont éteint en moi toute ambition de mauvais aloi et tout désir de m'élever par des moyens autres que ceux qui sont fondés sur la raison, le droit et la justice.

Fils de la Révolution, médecin des grands hôpitaux de Paris pendant cinquante années, j'y ai appris à compatir aux misères et aux douleurs de l'indigent, à lui tendre une main secourable, en même temps que je cherchais à le moraliser, et que, *mû par un sentiment d'égalité,* je faisais tous mes efforts pour le relever, soit à ses propres yeux, soit dans l'opinion des autres.

Mes sentiments patriotiques datent de mon enfance. Une longue vie *n'a fait* pour moi que leur donner plus d'énergie, et l'honneur véritable l'a toujours guidée.

Travailleur infatigable, *professeur à la Faculté de Paris, élu par le concours,* j'ai toujours honoré le travail et ceux qui s'y livrent (2).

Je crois que ma vie a été irréprochable. J'ai servi comme chirurgien dans les armées en 1813 et 1814.

Mes discours en 1815 ont beaucoup contribué à provoquer la formation de la compagnie d'artillerie de l'École de médecine, et alors j'ai, étant malade, bivaqué devant les ennemis qui attaquaient Paris.

1830, 1848 m'ont trouvé au nombre des défenseurs de la liberté, et je viens de publier, à Paris et au Havre, six mémoires sur la défense nationale.

Plus de quarante volumes in-8°, un nombre infini de travaux académiques, *tous originaux,* cinquante-cinq ans d'enseignement libre ou officiel ont été les bases de mes succès et d'une réputation généralisée à l'étranger.

Les décorations que l'on m'a adressées, *et que je n'ai pas demandées,* m'ont été données pour me rendre moins pénibles de déplorables injustices dont le gouvernement qui vient de tomber m'a rendu la victime. On m'a forcé, par l'intrigue, des menaces et des caresses perfides, de donner, en 1866, ma démission de professeur acquise par neuf concours.

Les malheurs de ma patrie me désespèrent, et je ne veux pas que le temps qui me reste s'écoule dans une lâche oisiveté. Ma vie est à mon pays, et mon cœur à la liberté ! Je suis *démophile* encore plus que démocrate.

JE VOTE POUR LA RÉPUBLIQUE, DANS LAQUELLE TOUS LES EMPLOIS SERAIENT ACQUIS PAR DES CONCOURS AUXQUELS L'ÉQUITÉ PRÉSIDERAIT.

Pour qu'une monarchie à vie ou héréditaire fût admise par le bon sens et établie en principe, il faudrait, d'une part, que le monarque, même excellent, ne changeât pas avec le temps, sous le rapport de ses facultés physiques et morales ; et que, de l'autre, ses enfants fussent dignes de leur père. Or, cela n'est pas, et ne peut pas être. L'histoire et la plus simple observation démontrent ces vérités.

La République consacrant le concours, et quelle que soit sa forme, est le seul moyen de prévenir les révolutions ; de frapper à mort l'anarchie ; d'assurer la stabilité ; d'imposer silence aux ambitions prétentieuses ; de rendre le favoritisme impuissant ; de récompenser le mérite en l'utilisant ; de forcer au travail les gens déjà capables, et enfin d'entretenir une émulation féconde en utiles résultats. Dans vingt écrits, j'ai proposé le concours, et je vois en lui le salut et la régénération de la France.

Mon programme sur les grandes questions législatives actuelles est celui-ci :

1° L'instruction primaire gratuite pour ceux qui n'ont pas, et obligatoire pour tous. Elle doit être essentiellement morale et pratique. Il faut qu'elle insiste sur les devoirs du citoyen ainsi que sur ses droits. La gratuité doit s'étendre, pour les études les plus élevées, aux intelligences supérieures, reconnues telles par les concours et les succès ;

2° La liberté absolue des opinions religieuses ;

3° L'amélioration, graduée par les lois *et non par la violence*, de la position des travailleurs et surtout des femmes, pour lesquelles la société a été si souvent injuste et même barbare.

4° L'ivrognerie, frappée et réprimée par des peines sévères.

Prévenir la mendicité, qui dégrade l'homme, par une colonisation bien dirigée, par le travail pour ceux qui peuvent s'y livrer, et par des secours donnés intelligemment aux infirmes et surtout aux familles ainsi qu'aux orphelins.

Revoir et modifier les lois relatives au mariage et aux enfants naturels.

Le service militaire pendant deux années, imposé *sans exception*, à tous les citoyens et par conséquent, l'abolition de la conscription. Une immense réserve, composée de tous les hommes valides et exercés militairement, soixante jours par année.

L'armée employée aux travaux publics, avec une solde en rapport avec ces travaux, solde dont la moitié serait capitalisée et remise au soldat à la fin de son service actif.

Une nouvelle organisation de l'armée, fondée sur les aptitudes physiques et morales de l'homme ainsi que sur les concours pour chaque grade. (Mémoire que j'ai adressé du Havre au gouvernement de Bordeaux en 1870.)

Conservation des cadres pour une très-nombreuse armée ; matériel immense et prêt à servir.

Éducation du soldat par des officiers instruits, qui seraient soumis à des études et à des travaux remplaçant l'oisiveté dans les camps et les casernes, et que l'on chercherait à perfectionner physiquement et moralement.

Impositions principalement établies sur les choses nuisibles ou dangereuses (l'absinthe, l'alcool, et le tabac, les cartes à jouer, etc., etc., etc.), et non sur les objets de première nécessité.

Consacrer à l'instruction publique une grande partie des épargnes que l'on fera sur les budgets de la guerre et de la marine.

Création d'un ministère chargé de surveiller la salubrité publique, de combattre les épidémies, de remédier aux causes qui empêchent l'augmentation de la population.

Provoquer la création d'entreprises de grands travaux (un canal de Paris au Havre, par exemple), qui auraient pour effet de produire en actions un énorme capital, dont les intérêts seraient assurés par l'État et qui contribuerait à payer l'indemnité de guerre.

Je termine cette longue profession de foi par ces quelques mots que j'inscrirais sur le drapeau de la France : *La République et les emplois acquis par le concours.*

---

(1) Dans le système précédent, aucun prétendant *dans la République du mérite* ne serait exclu du concours pour la présidence ; la première séance servirait à apprécier la valeur de ses antécédents dont le chiffre lui serait compté ; à chacun d'eux de prouver dans les épreuves subséquentes que plus que d'autres concurrents il aurait étudié les affaires de la nation et montré qu'il avait mieux qu'eux réfléchi sur les intérêts de la France et de l'humanité !

(2)   CARRIÈRE SCIENTIFIQUE DE M. LE PROFESSEUR PIORRY.

1 Chirurgien à l'armée d'Espagne (1813 et 1814).

2 Docteur en médecine (1816).

3 Deux concours en chirurgie pour les hôpitaux. M. Piorry obtint au second concours 2 voix sur 5 (1825 et 1826).

4 Médecin des hôpitaux en 1826 ; — de la Salpêtrière, de 1827 à 1835 ; — de la Pitié, de 1845 à 1850 ; — de la Charité, de 1856 à 1860 ; — de l'Hôtel-Dieu, de 1860 à 1867.

5 Dix-sept années de professorat particulier de physiologie, cours suivis par d'innombrables élèves de 1817 à 1834.

6 Cours de clinique pour les hôpitaux, de 1827 à 1840 ; — pour la Faculté, de 1840 à 1867.

7 Cours d'anatomie pathologique ;

8 Sept grands concours à la Faculté de médecine pour l'agrégation et le professorat.

9 Nombreuses recherches de physiologie expérimentale. (Voyez l'énumération des ouvrages de M. Piorry ci-incluse.)

10 Au moins mille Mémoires originaux, presque tous ayant pour sujet les applications de la physiologie
    à la médecine pratique.
11 Deux prix Montyon à l'Institut. (Premières nominations sur la liste des concours.)
12 Mention honorable pour un Mémoire lu à l'Académie des sciences, et relatif à l'influence des
    grandes inspirations sur le volume du cœur et du foie, et sur la circulation pulmonaire.
13 Prix du roi Othon sur le sulfate de quinine. (Médaille en or de 1,200 fr., à Athènes.)
14 Membre de l'Académie nationale de médecine (section d'anatomie et de physiologie dès sa
    fondation.)
15 Quatre médailles pour le choléra.
16 DÉCOUVERTE DE LA PERCUSSION MÉDIATE OU PLESSIMÉTRISME, QUI PERMET DE LIRE EN QUELQUE SORTE
    DANS LE CORPS DE L'HOMME.
17 Anatomie des organes et de leurs lésions, dessinée sur la peau pendant la vie.
18 Très-importants travaux de physiologie appliquée et relatifs soit aux proportions du sang chez
    l'homme et chez les animaux, soit à l'influence de la pesanteur sur les phénomènes de la vie, et
    sur la circulation encéphalique. — D'autres sont relatifs à l'asphyxie par l'écume bronchique ;
    à l'état des poumons après la mort ; à des recherches, expériences, et à des observations sur les
    causes de la mort.
19 Très-nombreuses recherches sur l'auscultation et stéthoscope qui a remplacé celui de Laennec.
20 Immenses travaux physiologiques et pathologiques sur les altérations du sang. (M. Piorry a précédé
    la plupart de ceux qui se sont occupés depuis de cet important sujet.
21 Études chirurgico-médicales, suivies pendant 30 ans, sur l'infection purulente ou pyémie.
22 NOMENCLATURE PATHOLOGIQUE, DONT LA NOMENCLATURE CHIMIQUE A ÉTÉ LE MODÈLE.
23 Une immense pratique civile.
24 Une vie irréprochable ; un zèle extrême et un dévouement à la science et à l'humanité qui, depuis
    plus de cinquante ans, ne se sont jamais démentis.
25 M. Piorry a l'honneur de faire partie, *sans en avoir fait la demande*, de la plupart des principales
    Sociétés de médecine et de chirurgie de la France et de l'étranger.

OUVRAGES DE P. A. PIORRY.

Dictionnaire des Sciences médicales (de 1818 à 1822), un grand nombre de Mémoires.

Traité de Médecine pratique, dont il reste à peine quelques exemplaires. Paris, 1841-1851. 9 volumes
de chacun 600 à 800 pages, et dont le premier constitue
    Un TRAITÉ DE PATHOLOGIE GÉNÉRALE, dont 150 pages consacrées à l'*Étude de l'Anatomie patho-
logique*, contiennent l'exposé des faits principaux qui résultent des innombrables nécroscopies que
l'auteur a pratiquées.
    Le neuvième volume, paru en 1851, contient :
    Un ATLAS DE PLESSIMÉTRISME, avec 42 pl. représentant plus de 250 dessins plessimétriques
gravés sur bois.   6 fr.

Traité de Diagnostic et de Séméiologie. Paris, 1837. 3 volumes in-8 de 600 à 700 pages.
    Cet ouvrage est le plus complet qui existe sur ce sujet. Il a été traduit en allemand, contrefait
en Belgique et même en France au moyen de Manuels de Diagnostic composés presque exclusivement avec les matériaux qu'il contient.

Traité des altérations du sang, en 1 volume de plus de 700 pages (1834).   6 fr.

Bulletin clinique (1834). Un grand nombre d'observations qui ont été en partie reproduites dans le
tome 3e du *Traité de Médecine pratique*.

Clinique médicale de la Pitié et de la Salpêtrière, et Collection de Mémoires sur la fièvre typhoïde,
le choléra, l'ophthalmie, l'érysipèle, etc. (Paris, 1833).   6 fr.

De la Percussion médiate (1827), en 1 volume, couronné par l'Académie des sciences en 1828. 6 fr.

Procédé opératoire à suivre dans l'exploration des organes par la Percussion médiate (1832 et 1834).
    Ouvrage destiné à décrire les procédés qu'il faut suivre pour pratiquer convenablement le ples-
simétrisme. Il est suivi de Mémoires sur les pertes de sang, les organes respiratoires et digestifs.

Dieu, l'Ame et la Nature. Poëme suivi d'une Épitre sur la médecine moderne française et fragments
poétiques sur Napoléon et sur la Révolution (1854), en 1 volume de 2,400 vers, avec des notes.

        Tous les ouvrages précédents sont épuisés et ne se trouvent plus dans le commerce.

De la Doctrine des états organopathiques, de la Nomenclature organopathologique, du traitement de
la Variole, suivi de deux Mémoires : l'un sur *la Folie et le Délire*, l'autre sur *la Dérivation et la
Révulsion*. Paris, 1855.
    Le travail dont il s'agit est l'ensemble de quelques-uns des discours que M. Piorry a prononcés
à l'Académie impériale de médecine pour la défense de ses doctrines.

Bulletin de l'Académie impériale de médecine. Un grand nombre de Mémoires, Rapports, etc.

Exposé analytique des principaux travaux d'Anatomie, de Physiologie, d'Hygiène, de Chirurgie, de
Diagnostic, de Médecine pratique et de Littérature philosophique, de P. A. Piorry, à l'appui de sa
candidature à l'Académie des sciences. 1 volume in-4.

La Médecine du bon sens. De l'emploi des petits moyens en médecine et en thérapeutique. 1 volume de
560 pages, 2e édition.

Traité de Plessimétrisme et d'organographisme. Anatomie des organes sains et malades établie pendant la vie au moyen de la percussion médiate, et du dessin à l'effet d'éclaircir le diagnostic.
1 volume de 752 pages (1866).

Clinique médico-chirurgicale de la ville. Histoire de la démission de M. le professeur Piorry ; exposé
des doctrines médicales actuelles ; nombreuses observations pratiques.

CARRIÈRE POLITIQUE DE M. PIORRY

Lors de sa candidature à la députation en 1871, M. Piorry a rappelé en quelques mots dans son programme reproduit dans les pages 14 et 15 de cette brochure, quelle avait été jusqu'en 1870 sa vie politique. Il est inutile d'entrer dans plus de détails sur ce sujet, qui a d'ailleurs été traité dans de nombreuses biographies.

Ce qui est moins connu, c'est la conduite politique de M. Piorry en 1870, 1871 et 1872.

Logique avec ses doctrines scientifiques et philosophiques, *considérant les diverses nations comme constituant une grande famille, dite humanité*, M. Piorry venait de publier son poëme sur Dieu, l'Ame et la Nature, dans lequel il avait exprimé, en vers chaleureux, l'horreur que lui inspiraient la guerre et les affreux malheurs dont elle torture les peuptes (page 131 de la 2ᵉ édition); aussi voyait-il avec indignation les menaces hautaines et provocatrices des écrivains qui, en France et en Allemagne, excitaient les colères et rappelaient des souvenirs que tant d'années de paix auraient dû effacer ! La déplorable déclaration de guerre de 1870, qui en fut la suite, accabla M. Piorry de douleur ; si, parfois, son patriotisme lui donnait alors l'espoir de la réparation de nos désastres de 1814 et de 1815, la philosophie et la raison lui faisaient bientôt voir que même d'éclatants succès ne seraient acquis qu'au prix de la mort de milliers d'hommes, et qu'un revers pourrait submerger la patrie sous des torrents de sang. L'immense chagrin que lui causèrent nos premiers malheurs ne l'empêcha pas de lire devant l'Académie de médecine et de publier, en 1870, plusieurs mémoires d'hygiène publique, de pathologie et de chirurgie, qui se rapportaient aux événements qui avaient lieu ou qui se préparaient (*Mémoires* sur le traitement de la variole, sur la mortalité des nourrissons, et sur le pansement par les bandelettes de diachylum, *actuellement* préparées, des blessures par armes à feu). Mais il comprit que la défense de Paris menacé à cette époque était le sujet qui devait surtout occuper tous les esprits vraiment français ; il adressa donc, dès les premiers jours d'août 1870, au ministre de la guerre une lettre qui contenait le passage suivant :

« En m'occupant d'histoire naturelle, j'ai bien souvent parcouru les points qui entourent Paris, et je connais les positions qui, dans ces localités, sont propres à la défense de la capitale. De ce nombre sont les hauteurs boisées de Clamart, de Meudon, de Sèvres, de Chaville, de Versailles, de Garches, de Marly et de Saint-Germain, par lesquelles j'avais vu en 1815, étant artilleur de l'École de médecine, l'ennemi nous attaquer. Or, voici les idées et les opinions que m'ont inspirées, soit ma connaissance des localités dont je viens de parler, soit le peu d'expérience militaire et de stratégie que je puis avoir acquis en Espagne (1813 et 1814), soit enfin mes lectures relatives au rôle funeste que les bois ont joué contre nous dans les combats que nous avons livrés aux Prussiens.

« 1° Ce n'est pas aux fortifications, ou même au Mont-Valérien, à Clamart, à Vanves, à Issy. à Bicêtre, qu'il faut se laisser attaquer ;

« 2° Protégé par le Mont-Valérien et la Seine, *le bois de Boulogne dont la destruction serait si cruelle pour Paris, ne doit être ni abattu, ni brûlé* ; comment l'ennemi serait-il assez imprudent pour se placer entre l'enceinte et le fleuve, et dans un tel lieu où l'assaillant serait canonné, bombardé et détruit par les feux croisés du Mont-Valérien, de Montretout et même de Vanves ?

« 3° Si les Prussiens commettaient l'immense faute de traverser ainsi la Seine, les tirailleurs de nos bataillons cachés derrière les arbres du parc de Boulogne combattraient avec avantage les Allemands, comme il nous ont mitraillés et fusillés à Wissembourg et à Frœschwiller. Nos gardes nationaux *défendus par les remparts de Paris*, auraient d'ailleurs une retraite des plus assurées et des plus faciles. Ce serait alors le moment d'incendier le bois et de détruire les constructions bâties dans la zone de servitude. On démasquerait ainsi le parc de Boulogne et nos canons et nos obus en délogeraient l'ennemi.

« 4° Nos forts sont trop éloignés les uns des autres. On me dit que l'on en construit deux nouveaux, l'un au parc de Saint-Cloud, l'autre à Montretout. Il en faut absolument édifier un, *au moins*, à distance égale de Saint-Denis et du Mont-Valérien. Les hauteurs de Clichy seraient sous ce rapport éminemment utiles.

« 5° Il faut *absolument* établir une nouvelle enceinte en dehors des forts ; elle serait promptement construite par les populations de Paris, des villes et des communes voisines requises à cet effet et dirigées par des ingénieurs militaires.

« 6° Il convient de miner *au-devant* de cette première enceinte et de placer dans ces mines des matières essentiellement explosibles ; si nos soldats étaient forcés à la retraite, les ennemis en cherchant à les poursuivre trouveraient bientôt la mort à la place de la victoire.

« 7° A l'abri, sous les arbres des bois de Versailles, de Saint-Germain, de Meudon et, protégés par les retranchements qui les entoureraient, nos soldats feraient aux Prussiens une guerre aussi terrible. et du même genre que celle qu'ils ont faite contre nous aux funestes combats où nous avons été décimés !

« 8° Des forts en terre seraient construits, soit sur la butte de Picardie, où ils commanderaient Versailles; soit sur les hauteurs de Chaville, de Ville-d'Avray, de Meudon, de Clamart, de Plessis-Piquet, etc., etc.

« 9° Si la première enceinte était forcée, l'ennemi serait placé de la manière la plus périlleuse, entre les anciens et les nouveaux forts et des retranchements qu'on aurait eu le temps de reconstruire.

« 10° Tout ce système de retranchements circonscrirait de très-grands espaces (1).

« Ces espaces pourraient fournir des vivres frais, des pâturages aux bestiaux, des emplacements pour les camps de nos défenseurs, et des moyens de communication avec les localités situées de l'autre côté de la Seine; le bombardement de Paris ne pourrait s'opérer à la distance où la première enceinte séparerait l'ennemi de la capitale; des hauteurs de Poissy on protégerait la route et le chemin de fer de Normandie (dernière note ajoutée au mémoire primitif).

« Une loi dictée par la nécessité exigerait des habitants de Paris, de Versailles, de Saint-Germain et des communes circonscrites par l'enceinte, et même de celles qui en seraient extérieurement les plus voisines, les travaux nécessaires pour la construction des retranchements situés en dehors des forts; Paris ne pourrait donc être alors attaqué que par l'Est et par le Midi qu'il faudrait encore défendre de la même manière. Montmartre serait lui-même utilement fortifié du côté de la plaine. *Signé* : P.-A. PIORRY. »

Le ministre de la guerre n'honora pas d'une réponse M. Piorry, qui alors adressa une copie de la note qui précède au gouverneur de Paris et reçut, de M. Faivre, son aide de camp, la lettre suivante :

« Le gouverneur de Paris a lu avec un vif intérêt les observations que vous lui avez adres-
« sées sur la défense de Paris, il me charge de vous dire qu'il *en reconnait la justesse*. — Les
« travaux de défense sont activement poussés sur les points menaçants pour les fortifications
« de Paris, tels que : Châtillon, Villejuif et Gennevilliers, points que vous semblez désigner
« dans votre travail.

« Quant à la construction de retranchements continus en avant des forts que vous indiquez
« comme un moyen efficace de défense, elle exigerait plus de temps que nous n'en avons et
« surtout une quantité de défenseurs si considérable qu'on est obligé de se restreindre, jusqu'à
« présent, à la mise en état de défense de certains points bien choisis.

« Le gouverneur de Paris vous remercie de votre patriotique participation au salut commun
« et vous adresse l'assurance de sa haute considération.   Capitaine FAIVRE, aide de camp. »

M. Piorry répondit, le 27 août, au général gouverneur de Paris une lettre qui contenait la réplique que voici :

« Le mur d'enceinte de la plupart des bois dont j'ai parlé dans mon mémoire existe déjà. On y ajouterait, tous les deux ou trois cents mètres, des redoutes armées de canons. Ce mur serait soutenu par une épaisseur suffisante de terre extraite d'un fossé large et profond où seraient implantés des pieux terminés en pointes aiguës.

« Ce fossé serait situé au-devant de ce même mur, qui aurait plus que la hauteur d'un homme et serait percé de meurtrières; il formerait un abri contre la fusillade, les éclats de mitraille et les boulets de petite dimension. Les gardes nationaux, les habitants des communes voisines combattraient derrière le retranchement et surveilleraient l'ennemi; des sentinelles placées sur les redoutes annonceraient (le jour par des coups de feu et durant la nuit par des fusées) l'arrivée des assaillants, et il n'y aurait plus à craindre alors ces terribles surprises qui nous ont été si funestes, etc., etc.

« Ce projet serait très-promptement exécutable; *César a construit bien plus rapidement des fortificatione analogues autour d'Alise.* »

Cette seconde lettre resta sans réponse, on réalisa à peine quelques-unes des idées que M. Piorry avait émises. Son découragement fut encore augmenté par l'inutilité des nombreuses démarches qu'il fit pour que l'on soignât, mieux qu'on ne le faisait, les animaux affamés qui, faute de râteliers, que l'on pouvait si facilement placer entre les arbres du bois de Boulogne, foulaient aux pieds les fourrages qu'on leur distribuait et qui se pourrissaient. En vain à deux reprises offrit-il ses soins pour les blessés à l'autorité compétente et à l'ambulance des Champs-Élysées; il n'entendit plus parler de ses offres, seulement on le remercia avec beaucoup de politesse de l'envoi qu'il avait fait à cette même ambulance de nombreux exemplaires de son mémoire sur le pansement des blessures qu'il venait de lire à l'Académie de médecine.

Désespéré de se voir réduit à l'inaction, M. Piorry, étant on ne peut plus souffrant, partit avec sa famille pour le Havre, où il espérait avec raison pouvoir être utile à sa chère patrie. Bientôt sa santé s'améliora, il voulut revenir à Paris, l'investissement le mit dans l'impossibilité de le faire.

---

(1) La plaine de Nanterre et de Saint-Germain, les communes de Maison-Laffitte, de Sèvres, de Châtillon, etc.

M. le sous-préfet du Havre, l'excellent M. Ramel, l'honorable maire de cette grande cité, M. Galimard, accueillirent avec une extrême bienveillance les offres de service que leur fit M. Piorry, qui fut invité par ces messieurs à remercier nos frères d'Irlande alors qu'ils vinrent avec un si grand dévouement secourir nos soldats.

L'ambulance hollandaise de Frascati, cet établissement magnifique où tout était si bien disposé et prévu avec tant d'humanité et de science, rendit inutile l'ambulance, que, conjointement avec les docteurs Kuntzly et Belot, le professeur venait de fonder à l'hôtel Tortoni.

Des conférences furent faites par M. Piorry, à la salle Sainte-Cécile d'abord, et ensuite au Grand-Théâtre. Une multitude d'auditeurs y assistaient, et peut-être que sa parole chaleureuse contribua à exciter l'élan patriotique de la grande cité normande qui fut l'une des villes de France qui se montrèrent le plus disposées à résister aux innombrables soldats de la Prusse. Ces conférences formèrent bientôt les sujets de six mémoires adressés au gouvernement de Bordeaux et qui n'ont pas été imprimés.

Les deux premiers proposaient des armes défensives pour les soldats et les divers corps de troupes, et des dessins nombreux en accompagnaient le texte; le troisième démontrait la nécessité d'une organisation et de divisions nouvelles des régiments, des bataillons, des compagnies, etc. Elles étaient fondées sur les différentes aptitudes anatomiques et physiologiques des hommes qui les composaient et devaient être constatées par des médecins exercés à l'examen plessimétrique de chaque soldat. Des expériences faites sur un groupe nombreux de mobiles commandés par un officier distingué, dont le nom ne peut être donné sans son autorisation, démontrèrent l'utilité de cette grande réforme.

Le quatrième mémoire proposait de ne donner d'élévation de grades (quelque minimes ou quelque importants qu'ils fussent), qu'à la suite d'épreuves de concours, ce qui offrirait l'immense avantage d'éveiller l'émulation des officiers et des soldats, de les accoutumer au travail intellectuel et physique, de les détourner des mauvaises habitudes et de la déplorable oisiveté, en entretenant leur désir d'acquérir de l'éducation et des connaissances nouvelles qui, lors de la cessation du service leur seraient d'une si grande utilité, et de rendre enfin la discipline plus juste et plus respectée, alors que les plus dignes et les plus habiles commanderaient les moins instruits.

Le cinquième travail traitait des précautions hygiéniques à prendre lors de la marche des armées en campagne et des moyens d'éviter les épidémies et de diminuer le nombre des traînards. Il indiquait les petits soins que les pieds des soldats exigeaient ; il faisait voir que le diachylum étendu sur la soie, le papier brouillard, la peau elle-même, suffirait souvent pour la curation des blessures légères et parfois graves, moyen simple et facile à employer qui permet au soldat légèrement atteint de ne pas quitter le régiment en marche et de ne pas encombrer les hôpitaux.

M. Piorry parla encore dans ces conférences du parti que l'on aurait pu tirer en Normandie de la réquisition des garçons de ferme et des chevaux pour en former des masses de uhlans français qui, connaissant le pays, s'opposeraient avec succès aux incursions de la cavalerie ennemi, etc. etc.

Le patriotique sous-préfet du Havre, M. Ramel, écrivit aux autorités de Caen, que M. Piorry se rendrait avec empressement au chef-lieu du Calvados, si elles croyaient que sa voix y fût entendue avec utilité. La réponse qu'il reçut, très-obligeante d'ailleurs, n'exprima pas le désir que ce voyage fût entrepris.

M. Piorry, en février 1872, se présenta comme candidat à la députation dans la Seine-Inférieure et son programme ne différa pas de celui de Paris (voyez les pages 14 et 15 de cette brochure). L'ennemi occupait alors presque tout le département, les listes de candidats arrivaient toutes faites de Rouen au Havre. Il fallut bien que M. Piorry se désistât de sa candidature, et nous pouvons assurer qu'il a conservé pour les nombreux électeurs qui voulaient le nommer la plus grande reconnaissance.

Le 10 mars 1871, M. Piorry était de retour à Paris, où éclata la terrible insurrection du 18. Républicain de cœur et de raison, convaincu par les leçons de l'histoire et par le bon sens que la grandeur et la prospérité de la France reposent sur son unité, il ne pouvait admettre que chaque grande ville, bien plus, que chaque commune, devînt une sorte d'individualité plus ou moins indépendante du faisceau qui forme la Patrie, et que l'ensemble de ces individualités dût constituer une sorte de féodalité démocratique qui pressât de sa main de fer sur les laborieux citoyens qui ont acquis le bien-être par la conduite et le travail. Essentiellement tolérant, il ne pouvait non plus approuver que l'on persécutât personne pour des opinions religieuses. Il lui était donc impossible d'adhérer au gouvernement de ceux qui résistèrent à l'armée de la France, dont la torche incendiaire détruisait nos monuments, et dont la hache ennemie des arts renversa nos trophées. M. Piorry, encore indigné de l'éloignement où la perfidie et l'intrigue l'avaient tenu de la faculté et des hôpitaux, refusa donc les offres qui sous main lui furent faites, soit du décannat à la Faculté, soit du titre de médecin en chef des ambulances de la Commune, et lorsqu'à son insu on le nomma médecin-major d'un bataillon et qu'il eut eu connaissance du décret qui constatait ce fait, *il écrivit immédiatement dans* six des *principaux journaux* la lettre suivante qui fut reproduite dans plusieurs publications médicales :

« *Je viens* de lire, dans le *Journal officiel, ma nomination comme médecin-major* dans la « garde nationale. Je déclare formellement que cette nomination a été faite à mon insu « et que je ne puis l'accepter. Je ne refuserai jamais mes soins à qui que ce soit, et à « quelque parti que les malades appartiennent; mais j'ai rendu assez de services à l'humanité « pour vouloir et pouvoir garder dans toutes les circonstances la liberté de mes actions (1).

« *Signé* : P.-A. Piorry. »

Le professeur Piorry, se conformant à cette déclaration publique d'indépendance et de dévouement humanitaire, soigna avec zèle et persévérance les blessés qui furent conduits, rue de la Chaussée, n° 15, à l'ambulance de la presse, établie pendant le siége, et quelques-uns des faits qu'il observa alors lui fournirent l'occasion de lire à l'Académie de médecine un mémoire utile et pratique sur les fractures par armes à feu, et sur la pénétration du pus et des matières putrides dans les veines.

La seule mission que M. Piorry accepta lui fut imposée par un juge qu'il croyait être un ancien magistrat. Mais quand la nomination de ce fonctionnaire eût été récente, il aurait déféré à la sommation qui lui était faite; car il s'agissait peut-être dans ce cas de sauver, dans les temps où l'on cherchait des otages, des ecclésiastiques de l'église Saint-Laurent accusés de crimes affreux et dont l'innocence lui paraissait évidente. Voici l'abrégé du rapport médico-légal et de la citation de l'ouvrage de Dulaure qui le suivit.

Le 8 mai 1871, en vertu d'une ordonnance de M. Moiré, juge d'instruction, M. Blond, commissaire de police, requit M. Piorry pour procéder à la constatation médico-légale de l'état des ossements que l'on venait de découvrir dans l'église Saint-Laurent. Le 10 mai, ce médecin vit dix-huit squelettes de femmes fort âgées sur le sol d'un caveau situé sous le chœur du monument; toutes les mâchoires de ces débris, à l'exception d'une seule, étaient privées par la vieillesse de la plupart de leurs dents. La colonne vertébrale chez deux de ces squelettes étaient extrêmement déformée et rachitique; les chairs étaient complétement transformées en un terreau tout à fait inodore ; les os étaient profondément érodés et décolorés par l'action du temps. La conclusion du rapport fut que l'époque à laquelle remontait l'inhumation était extrêmement ancienne, mais ne pouvait être précisée, et qu'il ne s'agissait pas ici d'un crime récent.

Un passage de Dulaure établissait même que l'oratoire d'un cimetière existait plusieurs siècles auparavant sur le lieu où l'église avait été construite : *Histoire de Paris* par Dulaure, tome 1er, page 212, 6e édition.

On s'explique facilement comment il s'est fait qu'à la suite de ce rapport et de cette citation, on n'entendit plus parler de l'instruction du procès relatif aux squelettes de l'église St-Laurent.

Dans un mémoire remis plus récemment au Conseil municipal, M. Piorry a proposé l'adoption d'un système de nomenclature très-simple et très-utile pour désigner les rues de Paris, et qui, apprenant au peuple de la capitale la géographie de la France, guiderait les provinciaux et les étrangers dans la grande ville. Ce serait de placer sur une réduction du plan de Paris une carte de France, et de dénommer les différentes voies, les places, les quartiers suivant les noms des localités auxquelles ils correspondraient sur les deux cartes. On a dit que l'administration des postes serait exposée à commettre des erreurs en envoyant en province des lettres destinées à Paris; c'est là une objection de bien peu d'importance, car elle serait tout aussi applicable au système actuel dans lequel une infinité de rues portent les dénominations de villes situées en France et à l'étranger ; ce serait au public, si le projet de M. Piorry était accepté, à mieux s'expliquer sur les adresses des lettres et à l'administration à mieux les lire.

Enfin M. Piorry, ayant protesté sous l'empire contre la destitution forcée qu'on lui avait arrachée par d'odieuses manœuvres (journal *l'Evénement médical,* 1867, et *Clinique de la Ville,* 1869, chez Adrien Delahaye, libraire, place de l'Ecole-de-Médecine, un volume in-8° de 400 pages), a récemment réclamé de la justice du ministre de l'instruction publique sa réintégration dans ses places à la Faculté et à l'Hôtel-Dieu, acquises par de nombreux concours, ou au moins une chaire de diagnostic dont la création est indispensable. Il attend avec calme et confiance une réponse favorable que M. Jules Simon se proposera sans doute de faire, lorsque sera présentée à l'Assemblée la loi relative à la réorganisation des Facultés.

Aux élections prochaines, si sa candidature est adoptée, M. Piorry soutiendra avec conviction et énergie les opinions qu'il formule ainsi : le progrès moral et matériel dans toutes les classes de la Société; la République, dont la stabilité sera maintenue par l'ordre, la liberté sans licence, et l'institution du concours pour toutes les places, quelque hautes qu'elles soient.

(1) *Journal hebdomadaire de médecine et de chirurgie*, n° du 19 mai 1871. M. le docteur Dechambre, rédacteur en chef.

M. Piorry a émis depuis longtemps, et surtout dans ses conférences au Havre en 1870, des idées qu'il lui paraît utile de reproduire ici.

1° L'un des plus grands moyens d'accroître la richesse de la France serait de provoquer la formation de compagnies auxquelles l'État assurerait l'intérêt des capitaux qu'elles consacreraient à l'exécution des grands travaux d'utilité publique dont elles se chargeraient. Les actions qu'elles émettraient, pouvant être échangées à la Bourse contre des espèces métalliques, augmenteraient de leur valeur la fortune nationale.

2° Il faudrait, en temps de paix, employer l'armée et les chevaux des équipages militaires à des travaux d'une importance incontestable, tels que ceux qui vont être énumérés, et dont plusieurs ont été publiés dans des ouvrages divers par M. Piorry. Les soldats employés à ces travaux recevraient une haute paye divisée en deux parties : la première serait remise actuellement au militaire travailleur, tandis que l'autre, capitalisée, formerait, lors de la libération du service, une somme assez forte et bien utile au soldat qui rentrerait dans la vie civile.

3° On devrait établir, comme M. Piorry a proposé de le faire (*Journal scientifique* de M. Victor Meunier), un canal direct de Paris à la mer, qui serait assez profond pour donner passage aux plus grands navires. Le Hâvre et Rouen serviraient d'avant-port et verraient leur prospérité s'accroître encore.

4° Une note déposée dans un pli cacheté a été remise par M. Piorry à l'Académie des sciences sur la possibilité d'utiliser la marée comme force motrice, et de se servir de cette force pour faire monter les eaux de la mer sur les collines de la côte, pour diriger ces eaux vers Paris, par des conduits; elles serviraient à alimenter le canal proposé, dont l'immense utilité pour la marine militaire et le commerce ne peut être contestée.

5° Rien ne serait plus productif et plus facile à exécuter que de transporter sur des terrains stériles et impropres à la culture des terres marécageuses ou mêmes fertiles, qui se trouvent en couches épaisses dans les vallées ou sur les bords des courants d'eau. En mélangeant un sol sablonneux, crayeux, pierreux, avec ces terrains dans les proportions convenables, on pourrait rendre à l'agriculture une grande étendue de pays inculte.

6° Est-ce que le reboisement des montagnes ne serait pas confié, *avec certitude de succès,* à nos braves et laborieux soldats? Est-ce que leur travail ne pourrait pas leur mériter la concession gratuite de quelques hectares de ces terres qu'ils auraient couvertes de végétaux utiles?

7° M. Piorry a lu à la Société d'acclimatation un mémoire dans lequel il admettait qu'on pourrait cultiver les forêts sans détruire les arbres. Il citait dans ce travail : 1° un grand nombre de végétaux, tels que les châtaigniers, les merisiers, les noisetiers, les prunelliers, les framboisiers, etc., que l'on pourrait utilement greffer; 2° une multitude de plantes comestibles, par exemple, l'asperge, plusieurs légumineuses, la pomme de terre, le fraisier, le champignon de couche; 3° beaucoup d'herbes fourragères, et de ce nombre, le trèfle, la luzerne, le sainfoin, etc., qui, dans certaines parties des bois, pourraient se développer et servir plus ou moins à la nourriture de l'homme et des animaux. Il est certain que l'on peut tirer quelque parti des idées précédentes.

8° Dans les idées de M. Piorry, idées qu'il défendrait énergiquement s'il avait l'honneur de représenter ses concitoyens :

Tout élève des écoles primaires qui, à la fin de l'année, aurait remporté le premier prix, devrait être instruit gratuitement dans les écoles secondaires; et celui qui aurait eu le même succès dans ces dernières, serait, dans les écoles supérieures, exempté de toute dépense. Il en serait ainsi pour les colléges professionnels, etc.

La conséquence de ceci est que les plus méritants, riches ou pauvres, pourraient *également* et *justement* parvenir par le travail et la conduite aux plus hautes positions sociales.